JN110104

上宮高校から学ぶ ソフトテニスの軸づくり

上宮高校ソフトテニス部監督
小牧幸二 著

ベースボール・マガジン社

ソフトテニスでは下半身の筋力、体幹＝軸が大切。軸が土台となるからこそ、技術が磨かれる

私にとって奈良県・天理大学での、切磋琢磨し合える仲間や、スポーツ心理学を専門とする藤善尚憲監督との出会いは、選手として技術・心理面を鍛えることに非常に大きく影響しました。大学卒業後も奈良県に残り、天理大学のコーチをし、さらに講師として大和高田市立高田商業高校などでお世話になりました。特に高田商業高校では、楠征洋先生、新子雅央先生、西森卓也先生、素晴らしい指導者の方々との出会いにより、多くを学びました。その後、母校である上宮高校に戻り、他校の岡山理科大学附属高校の大橋元司先生、三重高校の神崎公宏先生、尽誠学園高校の塩田孝一先生などとも出会い、私の「今」があります。

私たちの学校は大阪市内にあり、コート面数も2面で高校・中学がいっしょに練習していま す。寮はなく、部員全員が通学し、普通の高校生・中学生と変わりのない学生生活を送っていま す。本当は、テニスコートがたくさんあれば、もっといろいろとやれることもあるでしょう。けれど、なくてもいろいろできるのです。ないから諦めるのではなく、なくてもできることは何なのかを考える。今ある環境の中で、練習内容ややり方を工夫して、今の生徒たちにはどのようなことが合っているのか、そういったことを考えながら指導に取り組んでいます。何事も

「できないから始めない」のではなく、「できないからこそ始める」という姿勢で、まずは「できる」「試す」という発想から始めていきます。

特に私は、ソフトテニスでは「下半身の筋力」が一番大事だと考えています。私自身、大学3年時にそのことに気づき、トレーニングを試すことで結果がついてきた経験があります。技術を磨くだけではなく、身体づくりやトレーニングも大切であり、それらが土台となるからこそ技術が磨かれるのだと感じました。加えて、大学生を指導するうちに、体幹＝軸の大切さに気づき、野球や高飛び込みなど、さまざまな競技を研究するようになりました。そういった経験により、必然的に「軸」にこだわるようになったのです。私たちのチームでは技術よりも軸づくりの鍛錬に割く時間が多く、そうしないと、ボールを切り返す力、拾う力など、上宮が目指す「走る、粘る、あきらめない」という理想のプレーに近づけないと考えています。高校3年間のうちに、土台づくり、軸づくりをしていきたいと思い、日々練習に励んでいます。

本書では、このモットーに近づくための「土台づくり」である基礎練習メニューの一部を紹介しています。私たちのようにコート面数が少なく、大勢の部員を抱えるチームであっても、取り入れやすい練習ではないかと思います。日頃の練習のヒントにしていただければ幸甚です。

上宮高校ソフトテニス部監督
小牧幸二

「遊び感覚を
大切にしながら、
身体の動かし方や判断力、
予測する力を磨く」

第1章

ウォーミングアップ

ドリル 1 3つのマーカーへの打ち分け（ネット前）

目や耳から情報を得ながら全身で見る・読む・感じる

方法

ネットからラケット1〜1・5本分のところに3つのマーカー（的）を置き、マーカー側に球出し役、マーカーとは逆側に選手が入ります。マーカーには「1」「2」「3」と番号をつけ、球出し役が上げボールをするときに「1」「2」「3」と指示を出します。選手は、その指示にしたがって、指示されたマーカーに当たるまで打ち分け続けます。的に当たったら、次の選手と交代します。

選手は待球姿勢時に相手を見て、球出し役の指示を聞いて、素早く反応

球出し役は選手に狙ってほしいマーカーの番号を声に出して言う

応用としてフォアハンドのほか、バックハンドや裏面、カットなども混ぜて行ってみよう

POINT!

相手にどんなボールを打たれても、対応できる準備を習得する練習です。この練習をすることで、選手は足を動かし、スプリットステップや構えなども含め、常に準備をする習慣がつき、耳や目から情報を収集しながら、上半身と下半身を動かしていく力を磨けます。

ドリル 2

3つのマーカーへの打ち分け（下がって距離をとる）

数字のほかに色の情報も使って、身体を動かしながら瞬時に判断

方法

サービスエリアの半分の位置にマーカーを置き、マーカー側に球出し役、マーカーとは逆側に選手が入ります。ドリル1同様に、マーカーには「1」「2」「3」と番号をつけ、球出し役（ラケットで球出しでも、手投げでもOK）が上げボールをするときに「1」「2」「3」と指示を出します。選手は、その指示にしたがって、指示されたマーカーに当たるまで打ち分け続けます。的に当たったら、次の選手と交代します。ネットに対して正面を向き、ドライブ回転をかけながら打ち返します。

球出し役は選手に狙ってほしいマーカーの番号を声に出して言う

この練習はショート乱打にもなる

「1」「2」など数字を言うほかに、マーカーの色を変えて「赤」「黄」「青」など、マーカーの色を言ってもOK（写真は同色のマーカー）。たまに、球出し役がマーカーにはない色を指示して、そのときは空振りするというルールを加えてもよい

POINT!

ドリル2も、ドリル1同様にどんな球にも対応するための準備を身につける練習です。ドリル1よりもマーカーの位置を下げて（サービスコートの真ん中くらい）、ネットからの距離をとり、スピードの上がったボールに対応していきます。そうすることで、相手ボールに対する準備に対し、素早く情報をキャッチする力が養われます。

指示の出たマーカーに当てることも目的ですが、それよりも身体を動かしながら対応への準備（ドリル1）をすること、さらに脳を活性化することも狙いです。

ドリル
3

3つのマーカーへの打ち分け
（ベースラインまで的を下げる）

相手と駆け引きしながら マーカーを狙う

方法

的をベースラインまで下げ、シングルスコートにクロス、センター、逆クロスを示すマーカーを置いてラリーをします（写真）。選手はお互いに、自分が狙うマーカーの番号1、2、3を声に出し、狙って打ちます。

マーカーはベースライン上。相手が声に出したマーカーを狙う

ドリル1から練習内容を発展させながら行っていくが、常に相手のボールに対する素早い準備が大切

同じ数字を2回続けて言うと動かなくて済むため、同じ数字を続けて言わないというルールをつくっておこう

待球時も脚を動かし、ボールがバウンドする地点に素早く移動する

POINT!

ドリル1、ドリル2同様に、大前提は待球時に構えること、脚を動かすことを忘れずに、相手の動きを見る・読む・感じとる練習です。相手の動きに対し、必ず残像を残してプレーしましょう。そうすることで、相手の次の動きを予測しやすくなります。

ドリル 4 ボレー&ボレー（ネット前）

全身で動作しながら ボール感覚を養う

方法

両サイドとも、ネットからラケット1本〜1本半分のところに立ち、ボレー&ボレーを行います。待球時も脚を止めず、ずっと動かしながら、相手の顔の高さに山なりのボールを打ちます。

ネットプレーヤー、ベースラインプレーヤーに関係なく行う

山なりのボールを打つからといって、片手を上に上げるだけではなく、必ず左手（利き腕の逆側の手）をラケットに添えて構え、全身で動作する

POINT!

どのように対応すれば相手のところへイメージしたボールが飛んでいくのか、自分が打つボールを感じるための練習です。ボール感覚を養い、スムーズにコントロールしていきます。

ドリル
5
ボレー&ボレー（距離をとる）

相手の身体、顔の様子を目に入れながらボールをコントロールする

方法

ドリル4同様に、それぞれボールを1球ずつ持ってネットとサービスラインの中間に立ち、ボレー&ボレーを行います。待球時も脚を止めず、ずっと動かしながら、相手の顔の高さを目安に山なりのボールを打ちます。

ネットプレーヤー、ベースラインプレーヤーに関係なく行う

待球姿勢の際、スタンスは肩幅より広くとろう

ジャンプしながらボレーしよう

POINT!

ドリル4の練習を発展させた練習で、距離を広げたのは、どれくらいの力を加えたら相手のところに届くか、さらに感覚を磨くためです。相手はどこにいるのか、相手の身体、顔の様子はどうか、残像を残しながらボレー&ボレーすることができるようになりましょう。

ドリル6 ボレー&ボレー（ベーシック）

ボールを遠くに飛ばす感覚でボレー、距離を伸ばす

方法

ネットを挟んでそれぞれがサービスラインの少し前に立ち、ボレー＆ボレーを行います。待球時、両足ジャンプはおおげさに行うようにしましょう。

リズムよくボレーすることを心がけよう。打球後は素早く次の準備を

相手の胸を目がけてボレーする

POINT!

ドリル5を発展させた練習で、さらに遠くに飛ばす感覚を養います。ドリル5のように、相手の残像を残してプレーすることで、次のボールに対する準備が素早くできるようになります。

ドリル 7 ボレー&ボレー(前につめる)

ボールをさらに遠くに飛ばすイメージを持ったまま距離を縮めていく

方法

両サイドに分かれ、サービスラインの後ろに立ってボレー&ボレーをしていきます。ボレーをしながら前に出続けていきましょう。

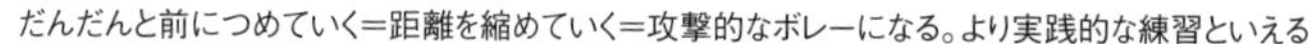

だんだんと前につめていく=距離を縮めていく=攻撃的なボレーになる。より実践的な練習といえる

POINT!

この練習は、ドリル4からやってきたボレー&ボレーの総合的な練習になります。ドリル6よりも遠くに飛ばすイメージを持ち、足の動きを止めず、素早く待球姿勢をとることなど、ここまでのボレー&ボレーの練習で意識してきたことをしっかり体現してください。

ドリル 8 ボレー&ボレー（3対3）

相手の動き、ラケット面の動きを見て反応する

方法

サービスエリア内を使って3対3のボレー&ボレーを行います。両サイドに4人ずつ入り、1人は後ろで待ち、交代していきます。基本的にはすべてのショットを決めにいきます。

ボレーを打った選手は移動し、その移動する選手をほかの2人がカバーしていきます。逆に、相手が移動する隙間を突いて（代わり際を打つ）、ボレーが決まる場所を見つけていきましょう。実際の試合の感覚を養うために、ボレーは常に決めにいくことを意識し、コントロールしていきます。さらに、お互いのペアの居場所を認識し、カバーし合い、相手コートのどこに人がいないのか感じとって、相手コートの人のいないところを狙って打っていきましょう。

POINT!

相手のラケット面の動きや、相手の動きを予測しないと反応できない練習です。この練習を始めたばかりの頃はなかなか足が動かないものですから、しっかり足を動かすことを意識して、練習に取り組みましょう。

さらに、この練習は3人がスペースを埋めるよう動くため、カバー力も養えます。発展練習としては、4対4で行ったり、2対2で行う方法があります。

Bがボレーを打つ

BがCの位置に移動し、CがBの位置に移動

このように、右からA、C、Bの順に並びが変わって練習が続く。ボレーを決めにいく練習のため、ゲーム感覚でチーム対抗戦などを行うと楽しんで練習ができる

ドリル
9
短いボールを拾って返す

しっかり構えてスタートを切り、ボールに追いつきコントロール

方法

4人1組で両サイドに分かれます。ストレートで片方がネット際を狙って短いボールを打ち、逆側の選手は返球するために前にダッシュして、またネット際に短いボールを返します。それを4人で交代しながら続けていきます。前にダッシュして、最後は足を滑らすようになりますが、指導者はあえて足のスライドは指示をせず、「自然に」「無意識に」行えるように導きましょう。

POINT!

相手にどんなボールを打たれても、素早く1歩目を出せるように動くための準備を身につける練習です。短いボールを拾って返球するために、しっかり構えてスタートを切ることができるようになります。

この練習は1対1でも、2人1組でもできる

走るタイミングは相手が打った瞬間で、前にダッシュした人の次の人は、必ず構えて待っていよう

練習者は膝を曲げ、ボールの下に入り、ネット際に落とす努力をする。ボールの下にしっかりラケット面を入れていこう

ドリル 10 打球後はサービスラインにタッチ（ストレート）

運動負荷を上げてレベルアップ

方法

両サイドに分かれ、サービスライン付近に立ちます。片方がネット際に短いボールを打ち、もう片方がそのボールを拾い、短いボールを打ちます（ストレート）。打球後は自分のコートのサービスライン（センター）まで戻って、地面に足でタッチするか、もしくはサービスラインを越えてから、また相手の打球を拾いにいきます。

マーカーなどの目印を置いたほうがしっかり戻ることができる

POINT!

トレーニング的な要素もある、運動負荷を上げた練習です。相手よりも多くラリーを続けることができるようになります。

ドリル 11 打球後はサービスラインにタッチ（サービスコート）

サービスラインに戻るための時間をつくる

方法

ドリル11は、ドリル10のボールを打つ範囲を広げた練習になります。サービスエリアのどこにでもツイストをしていいことにします（1人でサービスエリア全面をカバーする）。打ったらサービスライン（センター）に戻ることは同じで、打って→戻ってを繰り返します。

頭を使う選手は、自分がサービスラインまで戻るための時間をつくることを考える。山なりのボールや緩いボールを使うなど、時間をつくるための返球をする

戻ることばかり考えるとミスにつながる。打球後にしっかり戻って、またボールの元へ移動する。ひとつ一つの動きをしっかり行おう

POINT!

相手の状況を見て、相手の動きを読み、予測する練習です。ボールの下に素早くラケット面を入れてミスなく返球することができるようになります。トレーニング的な要素もあり、しんどい練習ですが、しっかり打球できるようになるとストロークに安定感が増します。

ドリル 12 軸足を設定してショートラリー

ボールを頂点（高い打点）で打ち、テンポを上げる

方法

サービスラインの後ろ付近で、選手はスプリットステップを行い構えます。右利きならば1歩（右足）、2歩（左足）、3歩（右足）目で軸足をつくって、軸足1本で打ちます。4歩（左足）、5歩（右足）とついて、また元の場所に5歩で戻り、待球姿勢をとります。

POINT!

リズムをとる練習で、右足を前に出して足の動きを覚えます。また、常に足が動いている状態をつくり、歩いて打つ感覚を身につけます。実戦的なストロークでの身体の動かし方につなげていきます。

1歩、2歩、3歩目で軸足をつくる

ボールを頂点（高い打点）で打つことを意識しよう

ドリル
13
ショートラリーの発展練習（ドライブ／スライス）

テンポを上げて、さまざまな球種を打ち分ける

ドライブ回転

ステップを踏みながら、軸足1本で、ボールの下にラケットを入れて上にフォロースルーをするように打つ

スライス回転

ステップを踏みながら、軸足1本で、ボールの下側をこするようにしてラケット振り抜いて打つ

方法

サービスラインの後ろ付近で選手はスプリットステップを行い構えます。右利きならば1歩（右足）、2歩（左足）、3歩（右足）目で軸足をつくって軸足1本で打ちます。その際に、ドライブ回転で打ったり、スライス回転で打ったり、打ち方を変えて練習してみましょう。

POINT!

ドリル12のショートラリーの発展で、右足を前に出して足の動きを覚えるとともに、常に足が動いている状態をつくり、歩いて打つ感覚を身につける練習です。テンポを上げて、さまざまな球種を混ぜて打っていきます。乱打の前のウォーミングアップに活用できます。

ドリル 14 ラケットワークの練習

膝を柔らかく使い、手のひら感覚を忘れずに

選手は正面を向き、利き腕を前にして、逆側の腕は後ろに引いた状態から練習を始める

方法

選手はネットすれすれに立ち、球出し役はサービスラインの少し前から手投げで、ネット前にワンバウンドするボールを投げます。選手は球出し役がボールを出したら、（写真のように）ネットを越えてラケットを出し、ワンバウンドしたボールをショートバウンドさせて打ち返します。

左右の身体の入れ替えによって、ショートバウンドしたボールを縦面でとらえ、打ち返していく

POINT!

ラケットの縦面の使い方を知るための練習です。手だけでボールを打ち返すのではなく、膝を柔らかく使って身体で打っていく習慣が身についていきます。

ドリル 15 8の字フットワーク

脚を細かく正確に使う

方法

ラケット1本分くらいの幅にマーカーを2つ置きます。(写真のように)マーカーの間がスタート地点で、2つのマーカーを使って8の字を描くようにフットワークします。

POINT!

これは、短い距離での移動やステップの細かさを磨く練習で、下半身の素早い動きを身につけます。基本的に身体の正面で8の字を描き、脚はクロスすることなく、オープンスタンスを保持しましょう。

「体幹部の安定」と「すり足にならないこと」に注意しよう

ドリル16 ビッグステップからの微調整フットワーク

ボールに対する素早く、正確な足の運び

おへその下に重心をおき、フットワークする

POINT!

遠くに飛んできたボールに対応するためのフットワーク練習です。自分がいる場所から遠いところにボールが飛んできたときにビッグステップを使い、最後は片足で細かく微調整することを覚えます。

方法

ラケット1本分くらいの幅にマーカーを2つ置きます。右利きの選手の場合、マーカーの後ろから両足でジャンプをして、着地後、右足からスタートし、打球地点付近で微調整をして素手でスイングします。そのあとはスプリットステップを入れて、素早くスタート地点に戻り、また待球姿勢をとります。これを繰り返します。

ドリル
17
定位置からセンターマークまでのフットワーク

2回のビッグステップで大きく移動後、微調整

ステップの歩幅を広くとる。マーカーはあくまで目安

センターで切り返し、サイドステップで再度クロス方向へ

POINT!

目的はクロスステップとサイドステップのスキルの獲得です。ビッグステップはクロスで上げる脚（膝）と、地面を蹴る脚の両方を意識することが大事で、練習の間に入れることで、より実践的に効果的にストロークの安定化につながります。

方法

クロスの定位置からセンターマークまで4つのコーンを置きます。まず定位置で両足ジャンプ、コーンを飛び越え（スプリットステップ）、2回ビッグステップを踏んでセンターへ、そこで切り返し、再度クロスの定位置にサイドステップで戻りつつ、微調整して素振りをします。このフットワーク練習のあとに、同じフットワークから実際にボールを打っていきます。

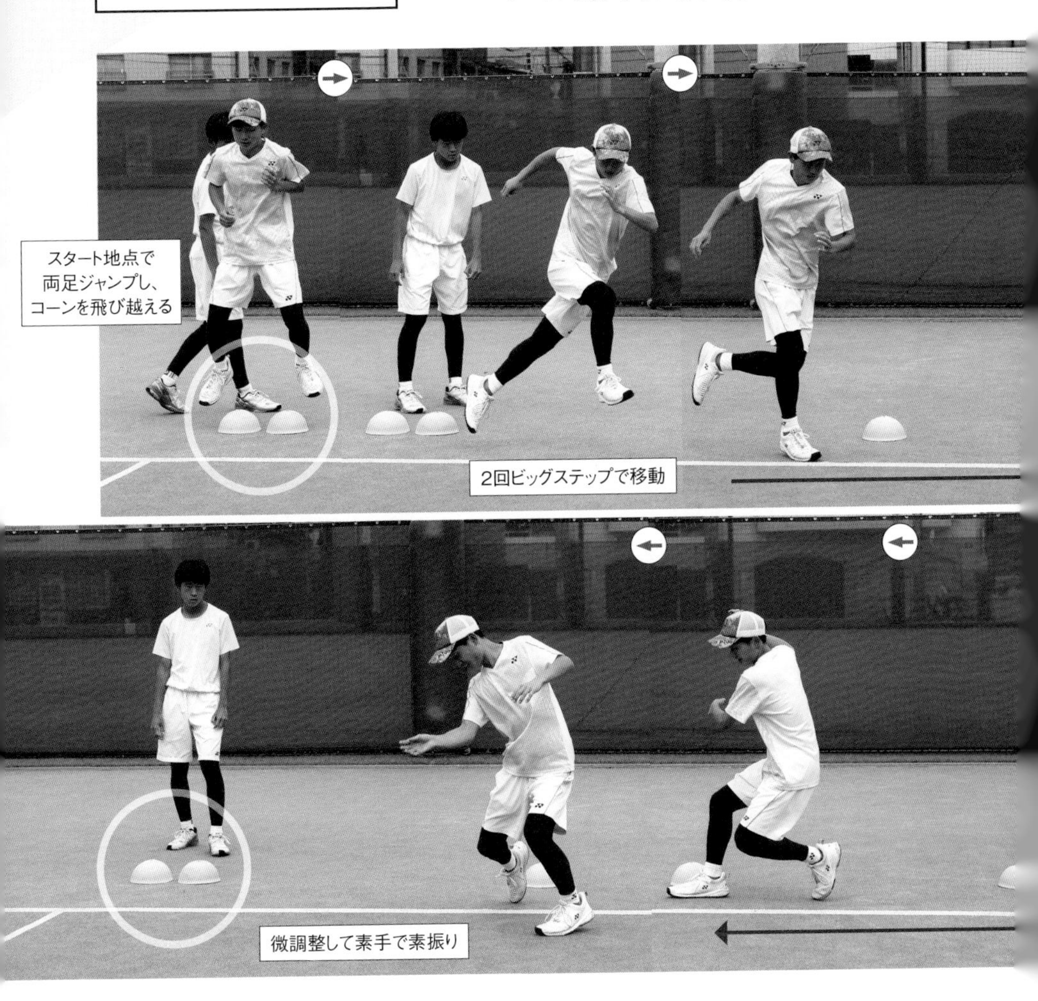

ドリル 18 走らされたときのフットワーク

ビッグステップ＋細かいステップのマスター

方法

逆クロスにいる選手はスタート時に両足ジャンプでマーカーを飛び越え（スプリットステップ）、逆クロスからセンターに向かってビッグステップを2回入れて移動。その後はクロスまで走り、最後は細かいステップで微調整をして素振りをします。その後はサイドステップで戻ります。このフットワーク練習をしたあとに、実際にボールを打つ練習をしてみましょう。

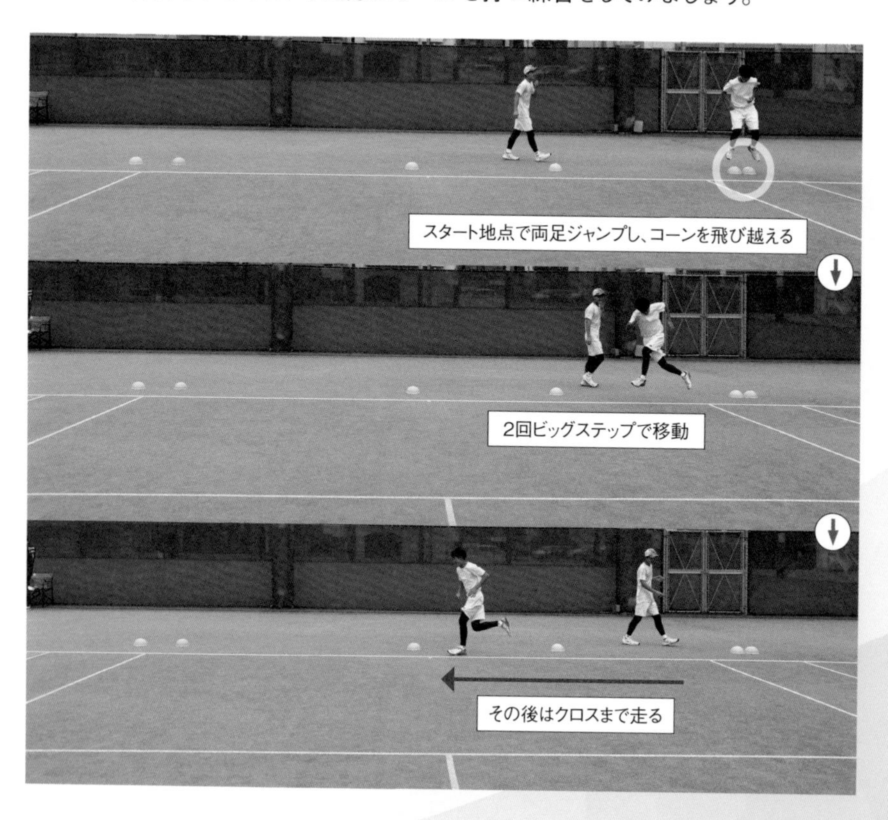

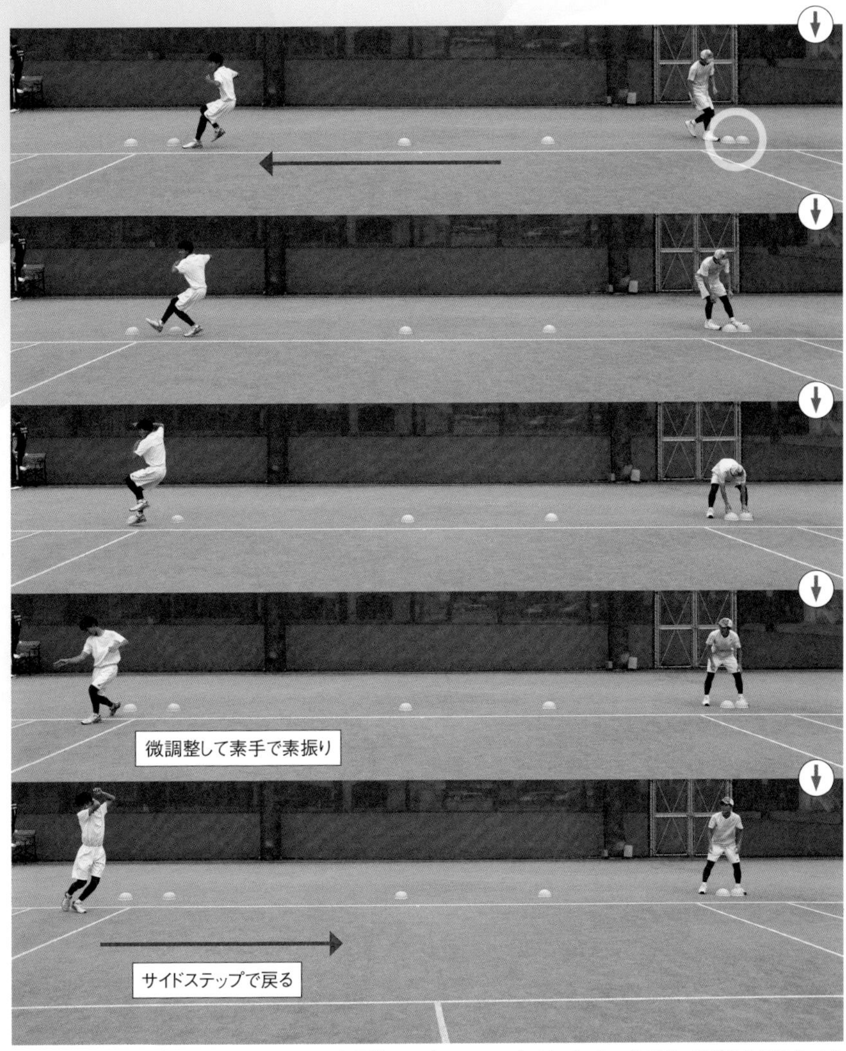

クロスから逆クロスへ走らされたときのフットワークも同様で、スプリットステップ→ビッグステップを2回→打球地点に近づいたら細かいステップで微調整する

POINT!

逆クロスからクロスへベースラインプレーヤーが走らされたボールを返球するときのフットワーク練習です。距離によっていくつかのステップを組み合わせていくことを覚えます。

―

「足の裏の重心移動、
股関節の使い方など、
手で打つではなく
下半身で打球する」

第2章

フォアハンド&バックハンド

ドリル1 基本フォームづくり

軸足（足裏）での力の伝え方を理解する

軸足のつま先を上げた状態から、軸足のかかと→外側後方から前に向け、最後は拇指球を地面につける

POINT!

上宮では、「軸づくり」に重点を置いて日々練習しています。ここまでのドリルの中でもお話ししてきましたが、改めて軸づくりを行う上で、フォーム固めのポイントを挙げていきたいと思います。

ストロークの際の軸足（足裏）での力の伝え方についてですが、手投げの練習などで意識しているのは、軸足のつま先を上げた状態から、軸足のかかと→側面後方→側面前方→拇指球へと、軸足の外側から地面についていき（重心移動）、スイングしていくことです。これにより、後方からの力を前に伝え、パワーを集約してインパクトを迎えられます。

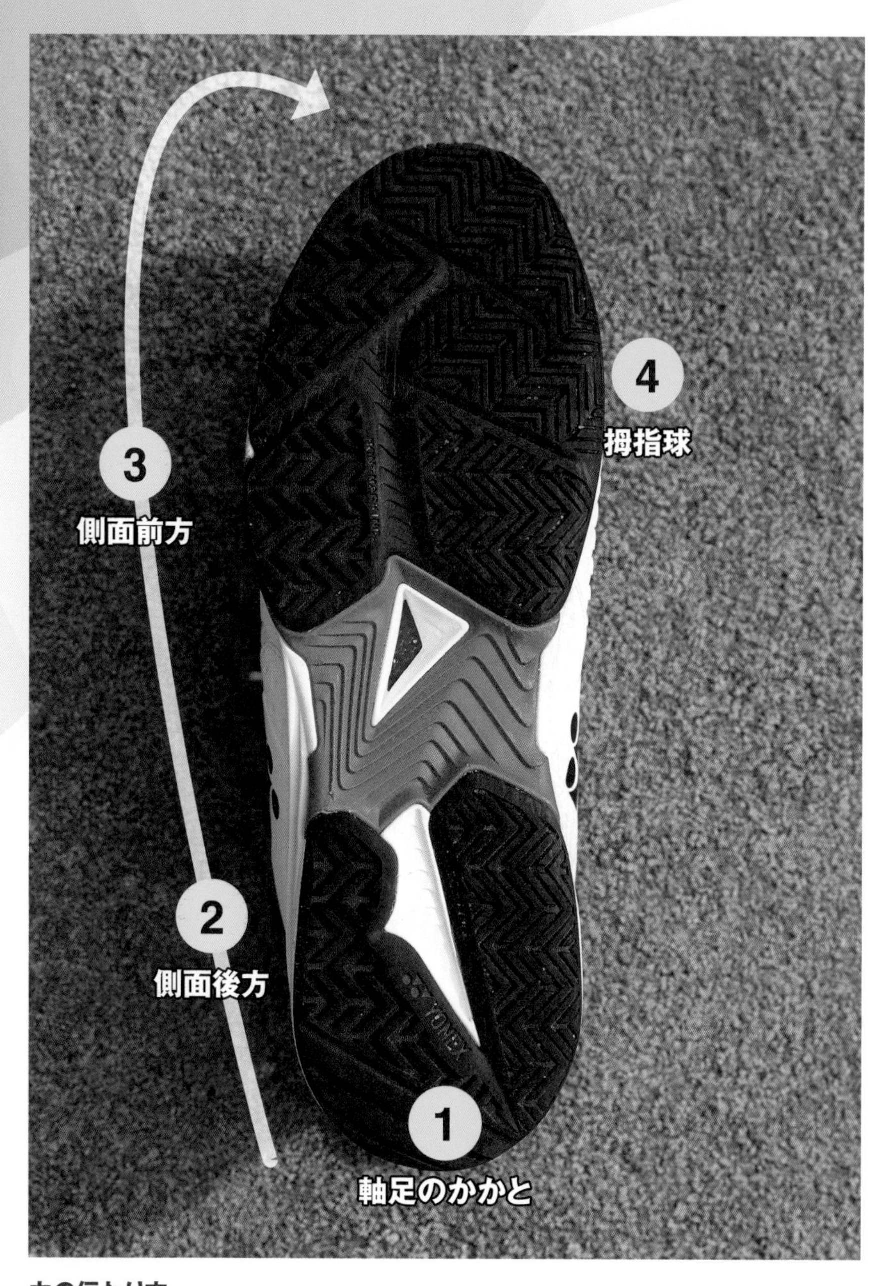

力の伝わり方

写真のように、かかとから足の外側を通って前へと地面につけて力を伝え、打球していく

ドリル2 メディシンボールに座って打つ

体重移動を意識し、身体を回して打つ

方法

写真のように、ベースラインの前にメディシンボールを置き、練習者がネットに対して横向きに座ります。その際、右利きならば軸足（右足）はベースライン上にまっすぐに置きます。そして、軸足のかかとを浮かせて、球出し役が落としたボールを1本打ちしていきます。

メディシンボールをうまく転がして打っていく

POINT!

体重移動を身につけ、しっかりと身体を回して打つ練習です。ベースライン上に軸足をまっすぐに置くことで、股関節が内側に入り、さらに、踏み込み足となる左足の足裏を見せることで左側の股関節が内側に入っていきます。

左膝が地面につくぐらい腰を落として、そこからスイング する

身体を回して打つ

両足を少し内股にする

ドリル
3
インパクトを意識してボールを打つ

ラケット面で ボールを厚くとらえる

方法

練習者はボールを1つ持ってベースライン付近に立ちます。写真のように、ゆっくりとインパクトを意識してボールを打っていきます。

POINT!

ストローク時に股関節を使えるようにするための練習です。左右の股関節が動かないよう注視しましょう。（写真のように）軸をつくることによって、上半身はしなやかな動きができます。軸足のかかとから地面につけていき体重移動→ラケットを振り出す→肘から入射角が入っていくことを意識して→ラケット面でボールを厚くとらえられる場所を感じて→インパクトへの身体の動かし方を覚えます。

左の股関節を使うために踏み込み足となる左足の裏が相手コートに見えるように意識する。インパクト時にいい音がするように、細かいポイントを確認しながら打っていこう

ドリル 4 ロビングの練習

ラケット面にボールをまっすぐに当てて、距離感をつかむ

方法

選手はボール1つを持ってベースライン付近に立ちます。（写真のように）上げボールを打つようにロビングを打っていきます。

POINT!

ボールの回転数を上げることで、早くボールが落ちます。その感覚をつかんで、ロビングを打つ際に生かす練習です。ラケット面にボールをまっすぐに当てて、ボールに回転はかけず、「これぐらい打つとどこに落ちるのか」という距離感をつかんでいきます。ちなみに、ボールの回転数を上げると、ボールは速く落ちていきます。

構えなどはこだわらず、スイングは下から、ボールを運ぶようにラケットを振り抜いていく

ラケット面にボールをまっすぐに当てる

ドリル
5
歩きながらロビングを打つ

身体のさばき方を覚える

ロビングを上げるときは、できるだけ引きつけて打つとよい。スイングは早くなりすぎないようにする。軸足の前で打っているので、インパクトと同時に左足が前に出る

方法

（写真のように）クロスのコーナーからクロス方向にマーカーを置きます。そのまっすぐなラインに沿って歩くように、手投げのボールをロビングで打っていきます。打つ方向はストレートです。

POINT!

歩きながらロビングを打つことで、ラケットの縦面の使い方を覚え、どの打点でとらえれば、どこにボールがコントロールされるか感じられます。流すボール（ストレート）を打っていけるようになります。

ドリル
6
8の字スイングからトップ打ち

軸をつくって上半身をしなやかに

素振り

打球

方法

ネットからサービスラインの間、3分の2の地点に、ネットに正対して選手は立ちます。その場で、上から下に「8の字」を描くようにラケットをスイングします。8の字スイングを3回行ったら、写真のように球出し役が手投げで選手の斜め前にボールを上げます。選手はそれをノーバウンドで打ちます。スイング後、ラケットをしなやかに戻していきます。ネットインを狙って、ネットインできたら次の人に交代します。

また、発展練習としてネットとの距離を変えていきます。最初はネット前、次にネットとサービスラインの間、3分の2のところ、次はサービスライン、最後はベースラインで同じことを行っていきます。

POINT!

トップ打ちのインパクトのタイミングと身体の使い方を習得する練習です。距離を徐々に長くすることで難易度が変わっていきますが、どの場所からでもネットインを狙っていき、軸づくり、上半身の使い方を覚えていきます。

インパクトでボールとラケット面がまっすぐに当たることが大切で、まっすぐでないと力のあるボールが打てない

ドリル 7 両足まっすぐの1本打ち[フォア]

足裏の重心移動に始まる軸づくり

軸足に体重をかけ、左足の裏が横から見えるように。逆側の膝が地面につくぐらいに曲げ、インパクト面からまっすぐにボールを当て、飛ばしていこう

方法

写真のように、ベースラインの真後ろに、両足を平行にして立ちます。ラケットを引き、軸足に体重をかけ、手投げの1本打ちを行います。ストレートに打ちます。

POINT!

軸づくりの練習です。特に股関節を使って打球するフォームをつくっていきます。（右利きの場合）右の臀部を意識し、右膝が外側を向かないように、両足をまっすぐに置き、打球時に股関節を使うために臀部のハリを出します。

また、軸足のつま先は上げ、軸足のかかと→側面後方→側面前方→拇指球へと、軸足の外側から地面についていき（重心移動）、後方からの力を前へ伝え、スイングしていきます（ドリル1～6同様）。

ドリル 8

軸足が1足分前の1本打ち［フォア］

軸づくりを意識しながら、しなやかにスイング

軸足とは逆側の膝が地面につくぐらいに曲げて打つ。右足を前に出しているため、ラケットヘッドが前に出すぎないように注意。手のひら感覚で打つことを意識しよう

方法

ドリル7同様に、(右利きの場合) 右の臀部を意識して1本打ちをしていきます。今度は、軸足を1足分前に出し、右膝が外側を向かないように両足をまっすぐに置きます。ラケットを引き、軸足とは逆側の左足のかかとを浮かせて打球していきます。軸足のつま先は上げ、軸足のかかと→側面後方→側面前方→拇指球へと、軸足の外側から地面についていき (重心移動)、後方からの力を前へ伝え、スイングしていきます (ドリル1～6同様)。

POINT!

相手の強打に対しての練習であり、股関節を使って打球するための軸づくりの練習でもあります。軸を意識しながら、しなやかにスイングができるよう身体を使えるようになります。

ドリル
9

軸足が1足分後ろの1本打ち[フォア]

足裏の重心移動に始まる、つなぎボールのスイング練習

スイング軌道は下から上に持ち上げるようなイメージで、ラケット面は縦面になり、つなぎのボールを打つときのスイングになる。左肩が早く開かないように注意

方法

ドリル7以降同様に、(右利きの場合) 右の臀部を意識して1本打ちしていきます。今度は、軸足を1足分後ろに引き、右膝が外側を向かないように両足をまっすぐに置きます。ラケットを引き、軸足とは逆側の左足のかかとを浮かして打球していきます。

POINT!

ここでは、ドリル7、8とは身体の使い方やラケット面の使い方が変わってきますが、ドリル7からのステップアップ練習で、この練習でも股関節を使って打球するための練習になります。また、軸足のつま先は上げ、軸足のかかと→側面後方→側面前方→拇指球へと、軸足の外側から地面についていき（重心移動）、後方からの力を前へ伝え、スイングしていきます（ドリル1〜6同様）。

ドリル 10 両足まっすぐの1本打ち[バック]

足裏の重心移動に始まる軸づくり

軸足とは逆側の膝が地面につくぐらいに曲げて打つ。右足の裏側をしっかり見せるように。また、ラケットは左手でイチョウを持ち、素早く左手で引き、耳の横に持ってくる

方法

バックハンドでも軸づくりの練習を行います。（写真のように）ベースラインの真後ろに、両足を平行にして立ちます。ラケットを引き、軸足に体重をかけ、手投げの1本打ちを行います。打球はストレートに打ちます。

POINT!

股関節を使って打球するための軸づくりの練習です。（右利きの場合）左の臀部を意識して1本打ちをしていきます。また、左膝が外側を向かないよう、両足をまっすぐに置き、打球時に股関節を使うためにも、臀部のハリが出ることが重要です。

また、軸足のつま先は上げ、軸足のかかと→側面後方→側面前方→拇指球へと、軸足の外側から地面についていき（重心移動）、後方からの力を前へ伝え、スイングしていきます。

ドリル 11 軸足が1足分前の1本打ち[バック]

軸づくりを意識しながら、しなやかにスイング

方法

ドリル10同様に、(右利きの場合) 左の臀部を意識して1本打ちしていきます。今度は、軸足を1足分前に出し、左膝が外側を向かないように両足をまっすぐに置きます。ラケットを引き、軸足とは逆側の右足のかかとを浮かせて打球していきます。軸足のつま先は上げ、軸足のかかと→側面後方→側面前方→拇指球へと、軸足の外側から地面についていき (重心移動)、後方からの力を前へ伝え、スイングしていきます (ドリル1〜6同様)。

軸足とは逆側の膝が地面につくぐらいに曲げて打つ

POINT!

ドリル7からここまで、ラケットを振るのではなく、足の位置でスイング軌道が変わることに気づくための練習です。ドリル10のように両足を平行にして打つときよりも、軸足を1足分前にしたときのほうがフォロースルーは高くなります。踏み込み足（前足）を前に出すことで攻めていくボールが打てます。また、相手の速いボールを切り返せるようになるでしょう。

ドリル12 軸足が1足分後ろの1本打ち[バック]

足裏の重心移動に始まるスイングでつなぎボールを打つ

方法

ドリル7以降同様に、(右利きの場合) 左の臀部を意識して1本打ちしていきます。今度は、軸足を1足分後ろに引き、左膝が外側を向かないように両足を平行にまっすぐに置きます。ラケットを引き、軸足とは逆側の右足のかかとを浮かせて打球していきます。

スイング軌道は下から上に持ち上げるようなイメージ

POINT!

ドリル10、11では、身体の使い方やラケット面の使い方とラケットのフォロースルーの位置が変わってきます。ドリル10からのステップアップ練習で、この練習でも股関節を使って打球するための練習になります。上半身を動かすのではなく、下半身の動きによって打つボールが変わってくることを感じてほしいです。

スイング軌道は下から上に持ち上げるようなイメージで、ラケット面は縦面になり、つなぎのボールを打つときのスイングになります。

また、軸足のつま先は上げ、軸足のかかと→側面後方→側面前方→拇指球へと、軸足の外側から地面についていき（重心移動）、後方からの力を前へ伝え、スイングしていきます（ドリル1～6同様）。

ドリル13 3歩で打つ手投げの1本打ち［フォア］

足裏での力の伝え方を実践する

方法

クロスのベースラインの後ろに写真のようにマーカーを3つ置き、手投げの1本打ちを行います。一番左のマーカーからスタート。スプリットステップから（右利きの場合）右足→左足→右足と出して3歩で軸をつくり、4歩目で前に足を踏み込み、5歩目で右足が着地。打球後は5歩ステップして戻り、もう一度、スプリットステップを踏んで待球姿勢をとります。

POINT!

今までやってきた足裏の使い方を、実際に身体を動かしてできるか、確かめるための練習です。足裏から体重移動できるようにします。

まず、スプリットステップ

右利きの場合、右足「1」→左足「2」→右足「3」のリズムでフットワークし、1本打ちを行う

ドリル 14

ケンケンで微調整して1本打ち［フォア］

微調整から、最後の一歩で打球のタイミングを合わせる

方法

ドリル12以降の手投げの1本打ちと同様に、クロスのベースラインの後ろにマーカーを3つ置き、手投げの1本打ちを行います。一番左のマーカーからスタートし、スプリットステップから（右利きの場合）右足→左足→右足と出して3歩で打ちます。ただし、最後の1歩＝軸足でケンケンをして微調整し、打球のタイミングを合わせます。

軸足でケンケンをして微調整

球出し役は緩く、高いボールを上げボールする。そのほうが練習者はボールに間合いを合わせやすい

POINT!

ボールとの間合いを合わせる練習です。緩いボールが飛んできた場合などに打球のタイミングを合わせられるようにします。

POINT!

ここまでやってきたドリルの応用練習です。足裏の重心移動、股関節の使い方、ラケットの引き方、足の動かし方などすべて意識するようにします。

ドリル
15

3歩で打つ手投げの1本打ち[バック]

ラケットの引き方、足の動かし方など すべてを意識する

方法

クロスのベースラインの後ろに写真のようにマーカーを3つ置き、手投げの1本打ちを行います。一番右のマーカーからスタート。スプリットステップから（右利きの場合）左足→右足→左足と出して3歩で打ちます。打球後は5歩ステップし、戻ります。

右利きの場合、左足「1」→右足「2」→左足「3」のリズムでフットワークする

ドリル 16

ケンケンで微調整して1本打ち［バック］

微調整から、最後の一歩で打球のタイミングを合わせる

ケンケンでの微調整を覚えておくと、試合中、ボールとの距離が合わないときに対応できる

POINT!

風が吹いたときなどに、打球のタイミングを合わせるため、ケンケンをして微調整をするという練習です。

方法

ドリル15以降の手投げの1本打ちと同様に、クロスのベースラインの後ろにマーカーを3つ置き、手投げの1本打ちを行います。一番右のマーカーからスタートし、スプリットステップから（右利きの場合）左足→右足→左足と出して3歩で打ちます。ただし、最後の1歩＝軸足でケンケンをして微調整し、打球のタイミングを合わせます。

最後の1歩＝軸足でケンケンをして微調整

ドリル 17

1歩目をビッグステップで動く
[フォアでボールを追いかけるときの走り方]

大きな1歩を使って スムーズに移動する

方法

（写真のように）手投げの1本打ちを行います。軸足となる右足を大きく1歩踏み出し（ビッグステップ）、左足、右足をついて軸足を設定し、軸足1本で打ちます。

POINT!

遠いボールを追いかけていかなければならないときのフットワークを習得する練習です。大きな1歩を使ってスムーズに移動するフットワークを習慣づけましょう。走らされたボールをロビング返球する技術が身につきます。

1歩を大きく、ボール際を打っていく。追いつくのが遅い人は、力んで走っているため、力まず大きな1歩を踏み出そう

球出しされたボールのバウンドの頂点で打つ。

フォア同様、球出しされたボールのバウンドの頂点で打つ。最後は細かく、ゆとりがある場合はその場でケンケンを取り入れよう

ドリル 18

1歩目をビッグステップで動く [バックでボールを追いかけるときの走り方]

遠いボールを追いかけるときは 大きな1歩を踏み出す

方法

写真のように、手投げの1本打ちを行います。軸足となる左足を大きく1歩踏み出し（ビッグステップ）、右足、左足をついて軸足を設定し、軸足1本で打ちます。

POINT!

フォアハンド同様、遠いボールを追いかけていかなければならないときのフットワークを習得する練習です。大きな1歩を使ってスムーズに移動するフットワークを習慣づけましょう。走らされたボールをロビング返球する技術が身につきます。

スプリットステップを習慣づける

方法

ベースラインの後ろラケット1～1・5本分後ろにマーカーを2つ置き、そのマーカーの後ろに立ってストロークの構えをします。その状態からマーカーを両足でジャンプしてから、3歩でフォアの1本打ち（手投げ）をします。

ドリル 19 両足ジャンプでマーカーを越え、3歩で打つ ［フォア］

上体を起こし、おへその下に重心をおく。フォアぎみに構えることが多い中、コートに対し正対して立つようにする

POINT!

両足ジャンプをすることで、スプリットステップを行う習慣を身につけます。スプリットステップを自然に行えるようにするため取り入れている練習です。今までドリルで取り組んできた裏足の重心移動、股関節の使い方、ラケットの引き方、足の動かし方などすべてを取り入れていきましょう。

ドリル
20

両足ジャンプでマーカーを越え、3歩で打つ［バック］

スプリットステップを習慣づける

ラケット1〜1.5本分後ろにマーカーを2つ置く

発展練習として、上げボールを緩く上げるだけではなく、低く速い上げボールにすることでより返球が難しくなる

POINT!

両足ジャンプをすることで、スプリットステップを行う習慣を身につけます。スプリットステップを自然に行えるようにするため取り入れている練習です。今までドリルで取り組んできた裏足の重心移動、股関節の使い方、ラケットの引き方、足の動かし方などすべてを取り入れていきましょう。

方法

ベースラインの後ろラケット1〜1・5本分後ろにマーカーを2つ置き、そのマーカーの後ろに立ち、ストロークの構えをします。その状態からマーカーを両足でジャンプしてから、3歩でバックの1本打ち（手投げ）をします。

ドリル21

両足ジャンプでマーカーを越え、1本打ち［フォア］

細かく足を動かす習慣づけ

足を細かく動かすことで、自分の打点で打てる

POINT!

細かく足を動かすことを習慣づける練習です。砂入り人工芝コートでは足を滑らせられるため、歩数が少なくても遠いボールに追いつきますが、ハードコートでの試合では、足を滑らせることはできないので、しっかり足を動かしてボールに追いつくようにします。

方法

ベースラインの後ろラケット1〜1・5本分後ろにマーカーを２つ置き、そのマーカーの後ろに立ち、ストロークの構えをします。その状態からマーカーを両足でジャンプ（スプリットステップ）してから、どちら側の足でもかまわないので2回足踏みをします。それから飛んできたボールに対し、3歩でたどり着くようにフットワークしていき、1本打ち（手投げ）をします。

ドリル
22

両足ジャンプでマーカーを越え、1本打ち［バック］

細かく足を動かす習慣づけ

方法

ベースラインの後ろラケット1〜1・5本分後ろにマーカーを2つ置き、そのマーカーの後ろに立ち、ストロークの構えをします。その状態からマーカーを両足でジャンプ（スプリットステップ）してから、どちら側の足でもかまわないので2回足踏みをします。それから飛んできたボールに対し、3歩でたどり着くようにフットワークしていき、1本打ち（手投げ）をします。

フォアも同様に、上げボールは低く速いボールも取り入れよう

POINT!

細かく足を動かすことを習慣づける練習です。砂入り人工芝コートでは足を滑らせられるため、歩数が少なくても遠いボールに追いつきますが、ハードコートでの試合では、足を滑らせることはできないので、しっかり足を動かしてボールに追いつくようにします。

ドリル
23

マーカーを越え、後退の動きから1本打ち［フォア］

難しい状況での軸づくりとボールコントロール

後ろに下げられたときは、ここまでドリルでやってきた基本を意識して取り組もう。上げボールは深く速いボールで行うとよい

方法

ベースラインの後ろラケット1～1・5本分後ろにマーカーを２つ置き、そのマーカーの後ろに立ち、ストロークの構えをします。球出し役は手投げの上げボールを選手の斜め後ろへ出します。球出しされたら、選手はマーカーを両足でジャンプして越えてから斜め後ろへ移動し、フォアの1本打ちをします。打つ方向はストレートへ。

POINT!

攻められたボールでも、自分の打点で打つことを感じる練習です。スプリットステップ＝マーカーを両足ジャンプで飛んでから、後ろに下がっていきますが、ここまで練習してきた軸を意識して打球しましょう。クロスへ引っ張って打つのは簡単ですが、流す（ストレートに打つ）のは難しいので、あえてストレートへ打てるよう練習していきます。

ドリル
24

マーカーを越え、後退の動きから1本打ち［バック］

難しい状況での軸づくりとボールコントロール

この練習では上げボールを落とす場所も重要で、球出し役はラケット1本半くらい後ろに低いボールを落とそう。上げボールが低いほど難しい練習になる

方法

ベースラインの後ろラケット1〜1・5本分後ろにマーカーを2つ置き、そのマーカーの後ろに立ち、ストロークの構えをします。球出し役は手投げの上げボールを選手の斜め後ろへ出します。球出しされたら、選手はマーカーを両足でジャンプしてから斜め後ろへ移動し、バックの1本打ちをします。打つ方向はストレートへ。

POINT!

ドリル23同様、攻められたボールでも、自分の打点で打つことを感じる練習です。スプリットステップ＝マーカーを両足ジャンプで飛んでから、後ろに下がっていきますが、ここまで練習してきた軸を意識して打球しましょう。クロスへ引っ張って打つのは簡単ですが、流す（ストレートに打つ）のは難しいので、あえてストレートへ打てるよう練習していきます。

また、ラケットのフォロースルーの位置がだいぶ上に上がります。なぜなら、そうしないとボールを飛ばすことができないからで、下がりながら打つ場合、自分の打点で打つために高くフォロースルーことでボールコントロールすることを覚えます。

ドリル
25
2つのコーンの間にボールを通す［フォア］

軸を維持して、ボールをコントロールする

POINT!

軸をしっかり維持することによって、手だけで打つとボールが飛ばないことを理解する練習です。下半身を意識し、ボールを飛ばしてコントロール（＝下半身）していきます。

方法

クロスのコーナーとベースラインとシングルスサイドラインの内側（アレーコートの幅）に2つのコーンを置きます（写真）。選手はアレーコートまで2歩で打てる程度の場所で構え、上げボール（手投げ）が上げられたら、両足ジャンプでマーカーを飛び越えて、フォアの1本打ちをします。右利きならば、右足→左足の2歩で移動し、最後は軸足（右足）1本で、狭いエリアを狙って打っていきます。上げボールは低めのボールで。

まっすぐ打つことを意識しよう。打球しながら歩いて打っていっても◎

ドリル26 2つのコーンの間にボールを通す［バック］

軸を維持して、ボールをコントロールする

両足でジャンプして
マーカーを越える

打球しながら歩いて打っていってもよい

方法

逆クロスのコーナーとベースラインとシングルスサイドラインの内側（アレーコートの幅）に2つのコーンを置きます（写真）。選手はアレーコートまで2歩で打てる程度の場所で構え、上げボール（手投げ）が上げられたら、両足ジャンプでマーカーを飛び越えて、バックの1本打ちをします。右利きならば、左足→右足の2歩で移動し、最後は軸足（左足）1本で、狭いエリアを狙って打っていきます。上げボールは低めのボールで。

POINT!

フォア同様、軸をしっかり維持することによって、手だけで打つとボールが飛ばないことを理解する練習です。下半身を意識し、ボールを飛ばしてコントロール（＝下半身）していきます。

ドリル 27

押し込まれた厳しいボールをイメージしたフォームづくり[フォア]

軸足(右足)でカベをつくる

方法

クロスにいる選手はベースラインと正対し脚幅をめいっぱい広げ、ラケットを後方に引いて構えた状態で上げボールをクロスに打っていきます。上げボールは選手が構えたところから一番遠い地点に落とします。これを打って、この1本打ちが安定してきたら、発展練習として上げボールの位置を徐々に後ろにしていきます。

球出しは、写真のように3カ所で行う。打球地点がベースラインよりも前の地点からベースライン上まで3つの場所を設定し、打点の使い分けをする。上げボールが後ろになればなるほど打ちにくくなり、難易度が高くなる

POINT!

この練習は軸づくりと押し込まれたボールを返球するための練習です。手で打つのではなく、足の裏から拇指球→膝を動かして→ラケットを動かす感覚を習得していきましょう。軸足（右足）でカベをつくり、上半身、下半身の軸をしっかりとつくっていくことで返球することができます。

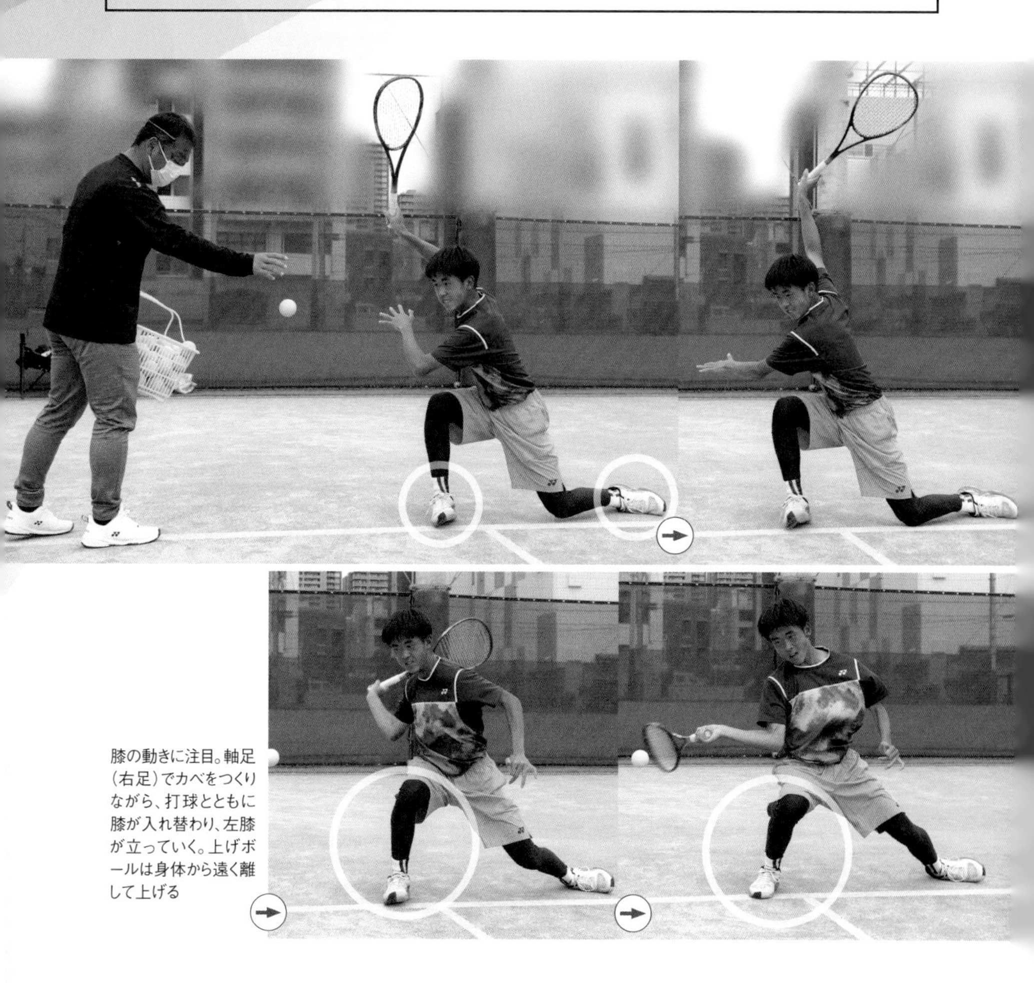

膝の動きに注目。軸足（右足）でカベをつくりながら、打球とともに膝が入れ替わり、左膝が立っていく。上げボールは身体から遠く離して上げる

ドリル 28

押し込まれた厳しいボールをイメージしたフォームづくり［バック］

軸足（左足）でカベをつくる

フォア同様、厳しいボールを打たれているため、軸足でしっかり耐え、下半身が崩れないよう注意しよう

方法

逆クロスにいる選手はベースラインと正対し脚幅をめいっぱい広げ、ラケットを後方に引いて構えた状態で上げボールを逆クロスに打っていきます。上げボールは選手が構えたところから一番遠い地点に落とします。これを打って、この1本打ちが安定してきたら、発展練習として上げボールの位置を徐々に後ろにしていきます。

POINT!

フォア同様、軸づくりと押し込まれたボールを返球するための練習です。手で打つのではなく、足の裏から拇指球→膝を動かして→ラケットを動かす感覚を習得していきましょう。軸足（左足）でカベをつくり、上半身、下半身の軸をしっかりとつくっていくことで返球することができます。

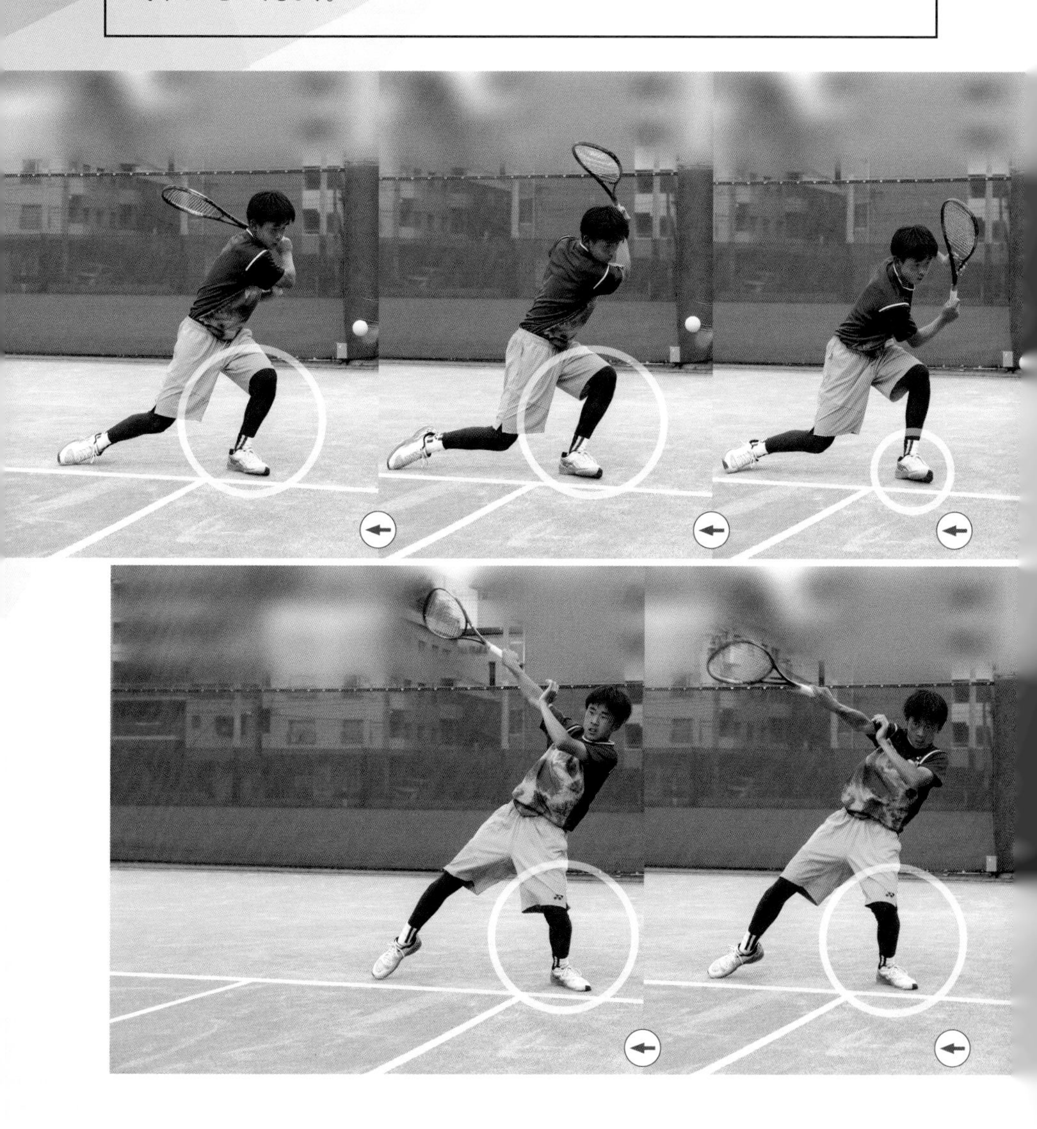

ドリル
29
軸足を設定してラリー

ボールを頂点（高い打点）で打ち、テンポを上げる

方法

ベースラインの後ろ付近でラリーをします。選手はスプリットステップを行い構えます。右利きならば1歩（右足）、2歩（左足）、3歩（右足）目で軸足をつくって、軸足1本で打ちます。4歩（左足）、5歩（右足）とついて、また元の場所に5歩で戻り、待球姿勢をとります。

POINT!

リズムをとる練習です。軸足である右足を前に出していき、歩いて打つ感覚を覚えます。一連の流れは「ワンバウンドする手前で、軸足を設定し、片足でスイング。4、5で足をつき、5歩で戻る」です。

発展練習として、ドライブ回転で打ったり、スライス回転で打ったり、打ち方を変えて練習してみよう。乱打の前のウォーミングアップに活用することもできる

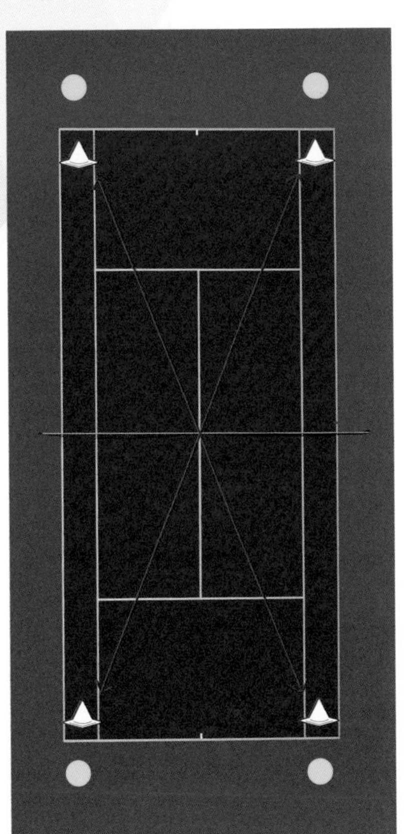

ベースラインからラケット1本半分のところにマーカーを置き、的を狙っていく。7割くらいの力で打つ

ドリル
30
コート半面に飛んできたボールを定位置に返す

動かされたときの軸を意識する

方法

ラリーの中で片方が相手コートの半面のスペースに打ちます（ストレートの場合はアレーコート内）。もう片方の人はコート角のマーカーを狙って返します。クロス、逆クロス、右ストレート、左ストレートの４コースを順に行います。

POINT!

相手から厳しいボールが飛んできても、下半身を使って、軸を崩さずにボールコントロールしていく力を磨く練習です。

軸づくりを意識して、ミスをなくそう。動かされても素早くボールの元に移動し、ターゲットのマーカーを狙って返せるよう練習しよう

クロスの練習時のマーカーの位置

ドリル 31 攻めるときの回り込み練習

最後はフットワークで前につめる

POINT!

この練習に取り組むことで、打点が後ろになっても「引っ張り」（右利きならば自分の身体より左に打つこと）も「流し」（右利きならば自分の身体よりも右に打つこと）も打てるようになります。攻めるために前につめていくと、ボールがバウンドしてから打球までの時間がつくりにくくなりますが、相手前衛も同様で、打球に対する準備時間が減ります。前につめて踏み込み足の左足が着地するまでの時間をつくることで、「相手前衛を早く動かすか」、もしくは「相手前衛のラケットの先を通すか」など、相手の予測をずらせるようになります。

方法

選手はクロスに入り、球出し役がセンターに手投げのボールを出します。右利きの選手ならば、右足を左足の前にクロス（1歩目）→左足（2歩目）→軸足＝右足（3歩目）を設定し、クロスに打っていきます。

攻めるボールなので、フットワークで前につめてコートに入っていく

ドリル
32
つなぎの回り込み練習

攻めるとき、つなぐときの
フットワークを使い分ける

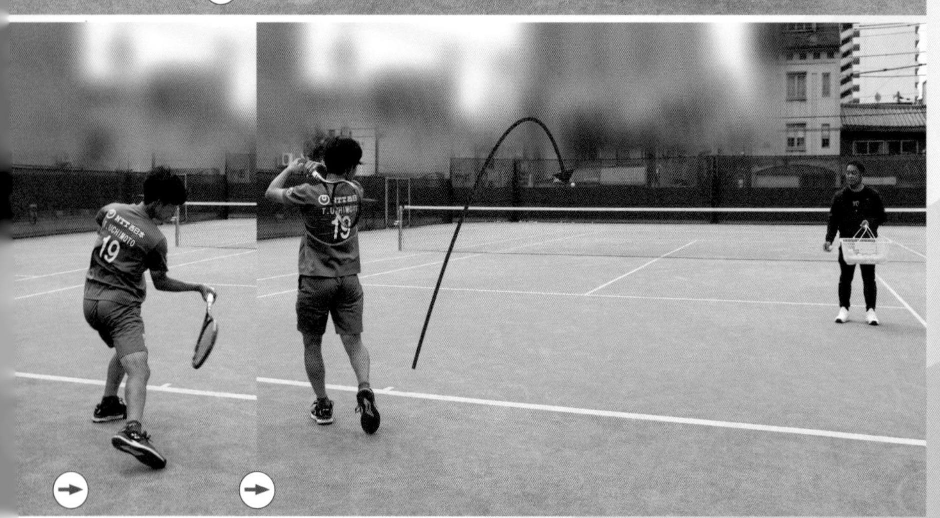

方法

選手はクロスに入り、球出し役がセンターに手投げのボールを出します。右利きの選手ならば、左足を後ろに引き（1歩目）→右足も後ろに引き（2歩目）→軸足＝右足（3歩目）を設定し、クロスに打っていきます。

POINT!

ドリル31同様に、この練習も打点が後ろになっても「引っ張り」も「流し」も打てるようになります。攻めるときとつなぐときでは、右利きならば右足の入り方や身体のさばき方が違ってきます。つなぐときに打点が近くなっても、左に身体を逃すなどすることで、身体のさばき方のレパートリーも増えると思います。

攻めるとき、つなぐときと、フットワークを使い分け、ミスなく打ち分けていこう

ドリル33 ショートバウンドをバックハンドで打つ

バックハンドのラケット面づくり（形づくり）

利き腕とは逆の左手でラケットを引くよう意識しよう。引っ張るコースに打つ場合は打点は前で、流すコースに打つ場合は打点はやや後ろ気味にすることでコースの打ち分けができる。フォロースルーの場所でコースを変えていく

方法

ネットとサービスラインの間、3分の2の地点に選手は立ち、球出し役が投げたボールをショートバウンドで返球します。

POINT!

バックハンドの形づくりの練習です。ラケット面をまっすぐ出し、ラケットを振り上げることでドライブ回転をかけてボールの回転数を上げられるようになります（卓球のバックハンドと同じ）。また、ラケット面を出す方向によって、コースを変えられることも覚えられます。

ドリル 34 苦しい体勢からのリカバリー［フォア］

軸足（右足）のつま先をネットに対して垂直に向け、オープンスタンスで打つ

方法

球出し役はクロスのコート内からサイドラインを目がけて厳しいボールを出します。選手はセンターからスタートして返球します。次に球出し役はクロスのコート外からサイドライン目がけて厳しいボールを出し、選手はセンターからスタートして返球します。

球出しがコート内…クロスのサイドラインを目がける

球出しがコート外…より角度がきつくなり、厳しさが増す

POINT!

厳しいボールを打たれ、苦しい体勢で返球しなければいけない展開で、軸足（右足）のつま先をネットに対して垂直に向け、オープンスタンスで打てるようにする練習です。それによってラケットを振り切れ、体勢を含め素早くリカバリーしながら打つことができます。

また、コート内、コート外両方から球出しすることで、角度の違いを知り、それぞれの対応の仕方を習得することができます。

テークバック時から打球後まで、軸足（右足）はネットに対して垂直にすることで、身体が外側に流されず、ラケットを振り抜くことができる。つまり身体の軸がブレずに打ち返せる

ドリル 35 苦しい体勢からのリカバリー［バック］

軸足（右足）のつま先をネットに対して極力垂直に向けて打つ

方法

球出し役は逆クロスのコート内からサイドラインを目がけて厳しいボールを出します。選手はセンターからスタートして返球します。次に球出し役は逆クロスのコート外からサイドライン目がけて厳しいボールを出し、選手はセンターからスタートして返球します。

球出しがコート内…逆クロスのサイドラインを目がける

球出しがコート外…より角度がきつくなり、厳しさが増す

POINT!

フォア同様、厳しいボールを打たれ、苦しい体勢で返球しなければいけない場面での練習です。軸足（左足）のつま先をネットに対して極力垂直に向け、オープンスタンスで打つようにします。それによってラケットを振り切れ、体勢を含め素早くリカバリーしながら打つことができます。

また、コート内、コート外両方から球出しすることで、角度の違いを知り、それぞれの対応の仕方を習得することができます。

バックの場合、軸足のつま先をネットに対してできるだけ垂直に近づける

ドリル 36 厳しいボールをフォアハンドでしのぐ

素早く打球地点に移動し、ボールの下にラケット面を入れる

方法

球出し役はクロスのコート内からサイドラインを目がけて厳しいボールを出します。選手はセンターからスタートして返球します。次に球出し役はクロスのコート外からサイドライン目がけて厳しいボールを出し、選手はセンターからスタートして返球します。

球出しがコート内…クロスのサイドラインを目がける

球出しがコート外…より角度がきつくなり、厳しさが増す

POINT!

厳しいボールを打たれ、1本しのいでボールをつなぐ練習です。素早く打球地点に移動し、飛んできたボールの下に身体を入れて、ラケット面を下から上に上げ、軸足1本でラケットを上に振り抜きながら打球します。

走り抜けるようなイメージで行おう

ドリル 37 厳しいボールをバックハンドでしのぐ

素早く打球地点に移動し、ボールの下にラケット面を入れる

方法

球出し役は逆クロスのコート内からサイドラインを目がけて厳しいボールを出します。選手はセンターからスタートして返球します。次に球出し役は逆クロスのコート外からサイドライン目がけて厳しいボールを出し、選手はセンターからスタートして返球します。

球出しがコート内…逆クロスのサイドラインを目がける

球出しがコート外…より角度がきつくなり、厳しさが増す

POINT!

フォア同様、厳しいボールを打たれ、1本しのいでボールをつなぐ練習です。素早く打球地点に移動し、飛んできたボールの下に身体を入れて、ラケット面を下から上に上げ、軸足1本でラケットを上に振り抜きながら打球します。

飛んできたボールのほうに身体を寄せていく

広岡宙選手
フォアハンド·スライスショット本人解説

長く打つときも短く打つときも、スライスは前に押しながら切るイメージ

短いスライスショット

インパクトでボールを下に切り、フォロースルーは短く

広岡選手「最近、スライスショットを打つ際に意識しているのは、ラケット面でボールを縦に切るということです。一般的に深いショットを打つときは、インパクト時にラケット面を前に押します。短く打つときはネットの前に落とすイメージで、インパクト時にラケット面でボールを下に切ります。ただ、実際に僕は、フォアでは長く打つときも、短く打つときも、ボールを切るというよりも前に押しながら切るイメージでいます。また、フォアのときは身体を少し逃がすイメージ（身体を少し回すイメージ）で打つと、ボールの勢いをうまく殺して打てます」

長いスライスショット

インパクトからボールを前に押しながら縦に切る

広岡宙選手
バックハンド・スライスショット本人解説

頭の位置がブレることなく、状態を起こしたまま打つ

ラケット面は上から下にボールを切るように、縦にスイングする

短いスライスショット

広岡選手「フォアも同様ですが、バックハンドのスライスショットを打つ際、頭の位置がブレることなく、上体を起こしたまま打つようにします。バックのときは、ラケット面を前に押し出して打つこともありますが、どちらかと言えば、僕はラケット面を後ろに引いたほうがボールの勢いが殺せるというイメージです。ショットの長短はフォア同様に、長く打ちたいときは前にラケット面でボールを運ぶようにフォロースルーを長くします。短く打ちたいときは、ラケット面でボールを下に切るイメージでフォロースルーは短くします」

長いスライスショット

ラケット面とボールとの接地時間&フォロースルーを長く

「上体の使い方、
肩甲骨の回し方など
投球動作を参考にしよう」

第3章

サービス

ドリル 1 野球のスローイングを導入

身体の使い方、投球でボール軌道を覚える

投げ終わったあと、最後に利き手の小指が立っていれば、手首がひねられている証しとなる

方法

選手はコート上に置いてあるボールを利き腕で取ります。ボールの取り方は、利き手の手の甲を自分の身体の横に向けて（写真）、ひねる動作をしながら肘から上に上げ、手の甲が右の耳の横を通り、頭の横に手首がきます。その後、身体の後ろに体重をかけて、野球のスローイングのようにボールを投げましょう。

コート上のボールを利き腕で拾い上げてテークバック

POINT!

野球のボールの投げ方とテニスのサービスの身体の使い方は基本的に同じです。ここでは、サービスを打つときの身体の使い方やボールの軌道を覚えます。

ドリル 2 両脚を開いたままサービスを打つ

上半身の使い方を覚える

ドリル1同様に後ろから前への体重移動もしっかり行おう

POINT!

両脚を開いて行うことで、上半身だけでサービスを打つことになります。上半身の身体の使い方を覚える練習です。

方法

ドリル1で行った手順でラケットを持って行います。両脚を肩幅くらいに開いてサービスを打ちます。

肘が空に上がっていくイメージで

ドリル
3

ボールを後ろに投げる練習

投球動作で肩甲骨の回し方を覚える

コート上のボールを利き腕で拾い上げてテークバック

方法

この練習では、ドリル1のようにラケットは使わずに行います。選手は地面に置いてあるボールを利き腕で取り、そこからラケットを持っているときと同様にテークバックをし、利き腕を振り上げ、ただしボールは前に投げずに、後ろに投げます。

POINT!

なぜボールを前に投げずに後ろに投げるかというと、この練習では「肩甲骨を回す」ことが狙いだからです。

最初のうちは、この練習をうまくできる人はあまりいないが、続けていく中で肩甲骨を回してサービスを打つことを体得していこう

ドリル
4

ラケットで後ろに打つ練習

サービス動作で肩甲骨の回し方を覚える

方法

ドリル3の続きで、次はラケットを持ってサービスを後ろに打っていきます。

POINT!

ドリル1同様、「肩甲骨を回す」ことが目的で、肩甲骨の使い方、インパクトの瞬間を覚える練習です。

ボールを遠くに飛ばすためには、インパクトで利き腕の小指が上を向く必要がある。小指が上を向くように意識しよう

ドリル5 両脚を開いたままクロスに打つ

全身を使ってボールを飛ばす

方法

選手は、両脚を肩幅くらいに広げて構え、ラケットとボールを身体の前にセットします。その体勢からクロスを狙ってサービスを打っていきます。

POINT!

ドリル1～5まではサービスを打つための導入です。ここまで意識してきた、上半身の使い方、肩甲骨の回し方などに注意しながら、通常のサービス練習に進みます。トスの高さは、本人の打ちやすい高さで打ちましょう。

自分の胸の前に球体があるイメージでラケットを振ります

両脚を広げたままトスを上げ、ラケットを振り上げてスイングしていくときに脚を閉じるイメージ

広岡宙選手
カットサービス本人解説

カットサービスは
下部分を切るイメージ

広岡選手「僕はダブルフォワードの陣形に取り組み始めてからカットサービスを打つようになりました。雁行陣のときはオーバーヘッドサービスでした。僕のカットサービスは速いカットサービスといえると思います。打ち方としては、インパクト時にボールのちょっと下部分を切るイメージで打っています」

構えている際のラケットとボールの持ち方

グリップの握り方はイースタングリップ

全身の構え

内本隆文選手
カットサービス本人解説

ボールの左下あたりを切って、滞空時間が長いカットサービスを打っている

構えている際のラケットとボールの持ち方

グリップの握り方はイースタングリップ

全身の構え

インパクトのときに、指をさしているあたりを切るように打っている

内本選手「僕もカットサービスはダブルフォワードの陣形をとる際に行っています。広岡選手とグリップの握り方はほぼ同じですが、僕のほうが、滞空時間が長いカットサービスなのかもしれません。打ち方としては、インパクト時にボールの左下あたりを切っています」

「ベースとなるローボレーはストロークの膝の使い方と同じである」

第4章

ボレー&スマッシュ

ドリル 1 片足フォアボレー

体重移動とインパクトのタイミングを確認する

方法

右利きの選手は、1歩目で軸足＝右足を出し、軸足1本でボレーを打ちます。そのとき、1歩目はつま先を上げてかかとから軸足を着き、打つ前につま先を着地させて片足ボレーを打ちましょう。

選手は球出し役の足元に返すようにしよう

POINT!

インパクトの瞬間に体重移動することと、インパクトのタイミングを確認する練習です。さらに、実戦では常に同じ側の軸足で打つことはできませんから、逆側の足を軸足にする練習もしましょう。臨機応変な体重移動を身につけます。

逆側の脚でも片足ボレー:
1歩目を軸足の逆側の足（右利きならば左足）にして、重心を入れ替えて片足ボレーを行ってみよう

つま先を上げてかかとから軸足を着き、体重移動をすることを意識しよう

ドリル2 片足バックボレー

体重移動とインパクトのタイミングを確認する

方法

右利きの選手は、1歩目で軸足＝左足を出し、軸足1本でボレーを打ちます。そのとき、1歩目はつま先を上げてかかとから軸足を着き、打つ前につま先を着地させて片足ボレーを打ちましょう。ボレーは、球出し役の足元に返すようにします。

ラケットを引きすぎないこと。引きすぎるとラケットが前に出ていかず、速い打球に対応できなくなるので注意

POINT!

ドリル1のフォアボレーと同様に、インパクトの瞬間に体重移動することと、インパクトのタイミングを確認する練習です。

バックボレーのときは、ラケットを後ろに引かず、ラケットをネット前にセットして肘を固定してボレーしよう

ドリル3 真横に飛ばすボレー

ボールを最後までよく見ることと身体の使い方を覚える

POINT!

この真横に飛ばすボレーを練習するのは、「ボールを最後までよく見ること」と「身体の使い方」を習得したいからです。この練習をすることでボールを引きつけ、手でボレーを打たなくなります。

ラケットが先に出てしまうと真横に打てない（引きつけて打てない）。ボールを弾くのではなく、ラケット面でボールを転がすイメージで

方法

選手はネット前に立ち、球出し役がフォアボレーの上げボールをします。その際、ボールを真横に飛ばします（写真）。これをバックでも行います。球出し役は、選手が1歩、足を出してボレーが打てるくらいのコースにボールを出します。

利き腕とは逆側の手でラケットを持ってボレーをしにいくと、ミスなくボレーできる

ドリル 4 打球後、後ろを向くバックボレー

速いボールをとるときのフォームづくり

方法

正面を向いてジャンプしながら背中を向けます。選手はネット前に立ち、球出し役は選手が1歩でバックボレーがとれるぐらいのコースに上げボールをします。選手はインパクト後、後ろ向き（ネットに背を向ける）になります。

回転しながらインパクトし、背中を向ける

インパクトの瞬間、ジャンプしている中でもしっかりラケット面を残し、スピードボールに対応する

POINT!

速いボールをとるときのボレーの形づくりの練習です。ボレー後に後ろを向くことで、ラケットを余計に振らなくなります。

ドリル 5 脚を開いてバックボレー

遠いボールに対する面づくり、フォームづくり

方法

ネット前からの手投げの上げボールを、選手は脚を広げたままバックボレーを打ちます。ボレーはノーバウンドで球出し役へ返します。

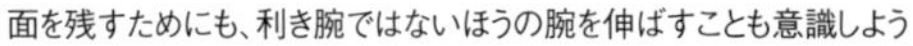
面を残すためにも、利き腕ではないほうの腕を伸ばすことも意識しよう

ラケット面を崩さない

POINT!

遠いボールに対しても面をつくり、フォームをつくる練習です。届くか、届かないかというボールに対し、しっかり手を伸ばして対応します。この練習をすることで、ラケット面を崩さず、しっかり面を出せるようになります。

ドリル6 正面のローボレー

身体の逃し方、膝の使い方を覚える

ストロークの膝の使い方と同じ

球出し役はあえて緩いボールを、選手の正面に上げる

フォア、バックともに打球時に身体の前に球体があるイメージを持つと返球しやすい

方法

球出し役はあえて緩いボールを上げ、選手は身体の正面で、ローボレーで返します。フォアとバックを順番に行いましょう。

POINT!

ローボレーのラケットワークの練習です。「身体の逃し方」や「膝の使い方」を覚えます。ボールを引きつけてローボレーできるようになります。ちなみに、ダブルフォワードのときは、右利きの場合、フォアでは右足が前に出て、バックでは左足が前に出ます。

ドリル7 2本指フォアボレー

インパクトで グリップを握ることを覚える

グリップを緩めておく

最初は親指と人差し指の2本指で握る

方法

選手はラケットを親指と人差し指で持ちます。球出し役は、選手がその場でフォアボレーが打てるコースに上げボールします。選手は両脚を開き、インパクトでは５本指でラケットを握って、逆クロスに返します。

POINT!

余計な力を入れず、インパクトでグリップを握ることによって力を入れる練習です。ラケット面をまっすぐから少し上に向け、インパクト時にグリップを握ってボールを打ちます。

ラケットヘッドが前にいき過ぎないようにしよう

発展練習：選手はクロスからセンターに飛んできた上げボールを逆クロスへローボレー。最初はグリップを緩めて握り、インパクトでしっかり握る

ドリル 8

2本指バックボレー

インパクトで グリップを握ることを覚える

方法

選手はラケットを親指と人差し指で持ちます。球出し役は選手がその場でバックボレーが打てるコースに上げボールします。選手は両脚を開き、インパクトでは5本指でラケットを握ってクロスに返します。

POINT!

ドリル7のフォアボレー同様に、余計な力を入れずに、インパクトでグリップを握ることを覚える練習です。最初はグリップを緩めているため手のひらに遊びがあり、ラケットが動かしやすくなります。

打点は後ろ気味にとり、相手のボールの力を利用してボールを飛ばしていく

発展練習:選手は逆クロスからセンターに飛んできた上げボールをクロスへローボレー。最初はグリップを緩めて握り、インパクトでしっかり握る

グリップを緩めておく

ドリル
9

ダブルフォワード用ボレー

ネットから近い ボレー&ボレーへの対応

方法

選手はネットからラケット2本分くらいのところに構え、球出し役はサービスラインよりも前から速いテンポでボールを上げます。

POINT!

　この練習は、ネットから近いボレー＆ボレーへの対応です。最近はダブルフォワードの陣形をとる選手も多く、ダブルフォワード対策も行わなければなりません。また、自分たちのペアがダブルフォワードの陣形をとる場面もあるでしょう。

　ネットに近いところで行うボレー＆ボレーでは、相手からの速いボレーに対応するため、壁のようになってボレーをしなければなりません。この練習で「ラケットヘッドが回らないように止めること」と「グリップは小指1本分余るくらい、ラケットを短く持つこと」を覚えていきましょう。

相手と至近距離でボレー＆ボレーをするときは、ラケットを短く持つとよい

構えるとき、ラケットの位置は胸から顔のあたりが望ましい

ドリル 10 ダブルフォワード用ボレー（2対2）

ラケットを短く持ち、ラケットヘッドを振りすぎない

方法

　片側のコートでクロス、センター、逆クロスの３ヵ所に球出し役が入り、ランダムに上げボールをします。各コートに２人ずつボレー＆ボレーを行う選手が入りますが、球出し役とは逆側の２人が練習者で、球出し側の２人は切り返し側となります。球出し役は上げボールに強弱をつけます。

自分たちの陣形を確認しながら練習に取り組もう。特に、前後のポジションを意識しよう

ラケットを振りすぎないよう止める意識で。さらに、脚の動きも止めてはいけない

POINT!

ドリル9の発展練習です。最初は緩いボールでのボレー&ボレーでもいいですが、段々ペースを上げ、厳しく攻めていくなど、アレンジすることで実戦力が磨かれます。

ダブルフォワードと雁行陣のボレーでは違いがあり、その違いを理解して使い分けられるようになってほしい

ドリル 11 基本のスマッシュ

フットワークを使い、落下点に入る

方法

シンプルに、ストレートに球出しされたボールをスマッシュします。

クロスステップで後ろに下がり、落下地点に移動したら、軸足に力をためてラケットヘッドを下げる

POINT!

右利きならば、後ろに下がるときは右足からでは大きく下がれないので、左足を意識してクロスステップを使って下がりましょう。落下点では、アゴを左肩に、頭は左足に乗せているイメージで、ラケットヘッドを下げます（写真）。スイングは利き手と逆の左手を振り下ろすことで、利き手の右手がスムーズにスイングできます。

インパクトでは顔をやや傾け、軸足と利き手、打点を一直線にする

広岡宙選手
クロスのスマッシュ本人解説

フットワークの最初は大股で、最後に微調整する

広岡選手「クロスでも逆クロスのスマッシュでも、共通しているのはリズムをとることが大事だということです。具体的には相手が打ってから、自分がそのボールを取りに行くまでのリズムのことです。足の運びを意識することで、クロスに追っていくスマッシュでは、最初は大股でフットワークし、最後に微調整します」

クロスステップで素早く後ろに下がり、落下地点近くでステップを微調整する。軸足を決め、ラケットヘッドを下げてためをつくる。体勢が崩れて打点が後ろになった場合は、できるだけ打点と利き手、軸足は一直線にしてバランスをとり、スイングは身体を反らすなどして調整する

広岡宙選手
逆クロスのスマッシュ本人解説

落下点に素早く入るために、身体を反転させるスピードを上げる

最初は半身(左肩が後ろ)になり、左後方へクロスステップ

中間地点で左足を軸にして脚を入れ替えて反転

広岡選手「右利きの人が逆クロスに追っていくスマッシュの場合、素早く予測し、落下点に入っていくためにも身体を反転させるスピードを上げることが大事です。足を細かく速く動かして追っていきます。また、僕は左足＝軸を意識して反転します。上段の左端の写真では左足でリズムをとり、下段の右端で落下点を予測しています。特に、逆クロスに追うスマッシュをより多く練習し、足の運びを身につけていくとよいでしょう」

右利きの選手の場合、逆クロスのスマッシュでは回り込まなければならない。（写真のように）最初は半身（左肩が後ろ）になり、左後方へクロスステップで下がる。中間地点で左足を軸にして脚を入れ替え、身体を反転させ（右肩が後ろ）、クロスステップで下がり、スイングしていく（連続写真は落下点に入るまで）

溝口英二トレーナー解説

「上宮」のトレーニングの取り組み

みぞぐち・えいじ◎上宮高校・上宮学園中学のほか、日本ソフトテニス連盟・男子アンダーチーム（これまでにU17 、U20などを担当）、実業団のワタキューセイモアなど多くのチームをサポートしている。アスレティックトレーナーのみならず、鍼灸師、産業カウンセラーなどの資格も持つ。

上宮高校・上宮学園中学は大阪・難波などに近い地域に所在する。都会にある学校で、テニスコート2面を高校・中学で共有し、日々、工夫しながら練習を積み重ねている。決して恵まれた環境とはいえない同校だが、工夫しながら、技術向上に役立つトレーニングに取り組み、全国大会で上位入賞などを果たしている。

ここでは、およそ15年以上、同校をサポートしている溝口英二トレーナーに、今ある環境で工夫することによって技術・フィジカルの向上につながる秘訣などを伺った。どのような考え方で「上宮」がトレーニングに取り組んでいるのか、探っていこう。

練習中も「カラダ」を意識

上宮高校のトレーニングは、他チームよりも時間を割いて行うことが多いです。ウォーミングアップを含めて、練習中に「カラダ」に意識が向くような時間になっていると感じられます。これらはもちろん、小牧（幸二）先生のトレーニングに対するご理解があってのこと。トレーニング内容は基本的にトレーナーに一任していただいているので、こちらがその都度、必要だと思う内容を提案し、選手へ指導する流れになっています。たまに、小牧先生から直々にオーダーが入ることがありますが、選手たちが目指すテニスを実現するため、コミュニケーションを取りながらサポートをしています。

答えだけを提供しない――

トレーニングに対する考え方

1 ゴール設定

上宮では中学～高校まで6年間指導ができる選手もいれば、高校3年間の選手もいます。高校1年生の段階で「3年生の頃には～」という構想で身体づくりをしていく選手がいたり、高校卒業後、全日本で活躍できる選手の育成として高校までに養えることを提供したりしています。

目の前の選手の「ゴールはどこなのか？」、これらを把握することは、斬新なトレーニングメニューを提供することよりも大切だと感じています。トレーニングを行う目的（ゴール）を普段から考えてイメージするため、日頃から小牧先生や選手たちとの会話を大切にし、選手本人の能力を推察するように心がけています。

2 練習に組み込む工夫

スキル能力があるレベルまで到達できていないときには、トレーニングよりもテニスの練習時間が優先されます。そういった時期は確実に存在し、そのときにトレーナーとして「トレーニングが必要だ」と外野から口出しすることはなく、トレーナーとしての関わり方と工夫をしています。

スキル練習の時間が多い時期は、選手に「最近、どんな練習をやっているのか?」を、いつも以上に念入りに確認し、そのスキル（動き）が向上するためのトレーニングを「ウォーミングアップ内」に組み込むように意識しています。

ウォーミングアップはケガの予防から考えても、省く選択肢になりにくいので、その時間内で5分～10分でも、その後の練習の質が上がるように工夫をします。普段のトレーニングに比べると、"動きの変化がテニスを通して実感できる"ため、選手の練習へのモティベーションを維持する一つの材料になるかもしれません。

当たり前のことを
当たり前にできるように――

3 選手がどう感じるのか

トレーナーとして指導をすると、指導側が答えを持って提供することがあります。痛みや違和感があれば、正しい動きを指導することは必要だと思いますが、そうであったとしても「答えだけを提供」しないよう意識しています。

例えば肩の動きを改善したい場合、本人に肩の正しい動きを意識させると、余計に、肩に力が入る可能性があります。そのような身体全体で選手を分析し、ときには身体幹部、ときには股関節などから、結果的に肩の動きや緊張を改善していくこともあります。さまざまなアプローチをすることで、トレーナーから見て、変化を感じ取れた段階で終わらずに、最終的には選手自身が「さっきより動きやすいです」と、自覚できるような関わり方が大切だと思っています。

パフォーマンス発揮には、日頃の健康管理が重要

これらのことに加え、チームとしてパフォーマンス発揮には「健康管理」が大切だと伝えています。日常の中で、「体調を整えること」は、休まず練習に取り組むためには大切なこと。ですが、身体が不調であれば、プレー中の緊迫した場面でのパフォーマンス発揮や、メンタル面にも影響を及ぼしてしまうかもしれません。

「健康管理（体調を整えること）」と「パフォーマンス」を線でつないでイメージするのは難しいかもしれませんが、普段から実施できることをコツコツと実施する。例えば、しっかりと食事を摂り、深く眠り、疲労を次の日に持ち越さないようにストレッチやセルフマッサージなどのケアを行う。これらは一見、当たり前のようで見過ごされがちなことかもしれませんが、継続して実施できるように、トレーナーとして選手に日々気づかせる存在であることが大切だと感じています。

土台にあるのは、生徒たちに好きなソフトテニスを続けてほしいという想い

私はさまざまなショットを打つ際には『軸』が重要だと考え、その軸づくりに必要な練習メニューの一部を本書で紹介させていただきました。軸=体幹であり、しっかりとした軸があるからこそ、ボールを切り返す力やカバーリング力が身についてくるのだと思います。そして、その軸づくりには、ボールを打つ練習だけではなく、身体づくりやトレーニングも必要不可欠だと痛感しています。

今から15年ほど前に、溝口英二トレーナーと出会いました。彼は私と同じような思いを持って、これまでサポートしてきてくれました。溝口トレーナーには、それぞれができることを段階に応じて提供してもらっています。

ボールを打つことも大切ですが、トレーニングで自分自身と向き合うことも同じように大切だと感じます。トレーニングを取り入れることで生徒たちの考え方や心が変わっていき、今までとは異なる感性を見出すことが重要だと思います。生徒たち自身が工夫をする機会を与えていくことによって、自分自身と向き合うことができるのではないかと思います。そのように、私たちのチームではトレーニングを含めて軸づくりに必要な練習を地道に積み重ね、それぞれに競技力を高めていっています。

生徒たちの意識を少しずつでも変えてあげることは、指導者としての役目だとは思いますが、自分自身で計画を立て実行し、失敗を繰り返すことで、1つの答えが出るということを伝えています。また、日常

生活の中で観察力や洞察力、判断力などを磨くことができると思っています。生徒たちには、普段から人の細かい仕草を分析するように伝えています。ソフトテニスをしていない時間でも、ソフトテニスに活かせる力を身につける意識を持ってほしいからです。

私は、生徒たちには好きなソフトテニスを続けてほしいという想いが一番にあります。「この舞台で、こんな活躍をしたい」という、生徒たち自身の目標に向かっていき、将来、上宮で過ごした時間がその土台となってくれれば、これほどうれしいことはありません。

この書籍を手にしてくださった選手の皆さんや指導者の皆さんとともに、私たちのチームも日々、ひたむきにボールを追いかけ、ソフトテニスプレーヤーとして、そして私も含め、チームとしてもより一層の成長をしていきたいと思います。

上宮高校ソフトテニス部監督
小牧幸二

取材協力◎上宮高校の皆さん

内本隆文(2015年卒)　広岡宙(2017年卒)

協力	上宮高校ソフトテニス部、 内本隆文、広岡 宙、溝口英二
企画・構成	八木陽子、青木和子
写真	毛受亮介、BBM
デザイン	山﨑裕実華

上宮(うえのみや)高校(こうこう)から学(まな)ぶ ソフトテニスの軸(じく)づくり

2024年1月30日　第1版 第1刷発行

著者	小牧幸二(こまきこうじ)
発行人	池田哲雄
発行所	株式会社ベースボール・マガジン社 〒103-8482 東京都中央区日本橋浜町2-61-9 TIE浜町ビル 電話　03-5643-3930（販売部） 　　　03-5643-3885（出版部） 振替口座　00180-6-46620 https://www.bbm-japan.com/
印刷・製本	大日本印刷株式会社

Printed in Japan
ISBN978-4-583-11629-7　C2075